W. FABIERKIEWICZ
ETAT ACTUEL DE L'INDUSTRIE EN POLOGNE ET SES PERSPECTIVES D'AVENIR
1 9 VARSOVIE 2 1

ÉTAT ACTUEL DE L'INDUSTRIE EN POLOGNE
ET SES PERSPECTIVES D'AVENIR

W. FABIERKIEWICZ

ÉTAT ACTUEL DE L'INDUSTRIE EN POLOGNE ET SES PERSPECTIVES D'AVENIR

VARSOVIE

SOCIETE DE PUBLICATIONS INTERNATIONALES

1921

IMPRIMÉ PAR L. BOGUSŁAWSKI, RUE ŚWIĘTOKRZYSKA 11.

Le fait d'avoir été répartis entre trois Etats conquérants, de structure économique toute différente, a été, pour les territoires de la Pologne, la cause déterminante ayant entrainé divers effets anormaux, en contradiction avec la tendance réelle du processus évolutif. L'influence néfaste du partage a eu son contre-coup pour ainsi dire dans tous les domaines de la vie sociale. Qu'on considère l'agriculture ou l'industrie, ou l'organisme agraire dans son ensemble, ou l'état des voies de communications, partout on est en présence de différenciations divergentes dans les provinces des diverses annexions, qui sont aujourd'hui autant d'obstacles et de causes de retard au procès de fusion effective de ces tronçons des terres nationales.

Ainsi d'un côté, dans l'ancien Royaume du Congrès, (désignation courante de l'ancienne Pologne dite „russe") rattaché à la Russie, pays d'économie rurale ouvrant ses immenses marchés à l'importation usinière, pouvait prendre son essor la grande industrie, fabriquant avant tout pour l'exportation; d'un autre côté, la Galicie, sous le régime autrichien, avec sa très défavorable situation géographique, province de toutes les régions de la monarchie austro-hongroise la plus éloignée des débouchés maritimes, ayant à affronter la concurrence d'une puissante industrie tchécoallemande, née et consolidée avant la sienne, ne fut en état ni de fonder une industrie propre ni de relever le niveau de sa production agricole. Par contre, en Posnanie et dans la Prusse occidentale, grâce à la construction d'un réseau dense de voies ferrées, de voies fluviales et de chaussées, grâce à l'abondance des engrais artificiels achetés à bon marché, etc. etc., la production rurale de ces provinces atteignit un degré de développement bien supérieur à celui des régions annexées à la Russie et à l'Autriche. Et cette prospérité agricole de la Posnanie fut concomitante d'une grande extension des industries dites agricoles et même d'une certaine industrie usinière qui dépassa de beaucoup en extension celle de la Galicie. La chose est d'autant plus caractéristique que la Galicie était, des trois régions provenant de la tripartition de la Pologne, la mieux pourvue en richesses minérales, susceptibles d'alimenter diverses catégories d'industrie, (charbon, pétrole, gaz naturel, énergie hydraulique, sel gemme, sels potassiques, argiles diverses, pierres de construction, etc.) Non moins caractéristique de l'influence qu'exerçait sur l'état de l'industrie polonaise, respectivement dans les trois régions d'annexion, le fait de leur rattachement à des Etats étrangers, sera l'essor qu'aura pris en Pologne dite „russe" l'industrie textile adaptée quasi exclusivement dans sa production aux besoins des marchés orientaux, alors que les autres branches de l'industrie, possédant sur place les bases naturelles de leur développement, sous forme de matières premières, restaient de beaucoup en arrière; telles par exemple, l'industrie minérale, celle du bois, des produits animaux.

Dans l'industrie métallurgique, avaient pris de l'extension les branches de la quincaillerie, trouvant leur écoulement facile sur les marchés russes, alors que la fabrication des machines n'arrivait pas à satisfaire les besoins du marché indigène.

L'industrie textile, dont on a vu l'essor magnifique en Pologne dite russe, était pour ainsi dire, inexistante en Galicie, (à l'exception de quelques usines dans le district de Biała, à proximité de la frontière de la Silésie de Cieszyn;) en Posnanie, en Prusse Occidentale et même en Haute-Silésie, l'industrie locale n'arrivait pas à couvrir la moitié des demandes du marché régional. L'extraction du charbon dans les mines de la Galicie était la plus faible d'Europe, comparée aux disponibilités en réserve, et ceci, par l'effet de la redoutable concurrence de la houille, extraite à meilleur compte des gisements de la Silésie de Cieszyn et de la Haute-Silésie: quant à la production de la Haute-Silésie, elle était elle-même de très bas coefficient, paralysée qu'elle était par un situs géographique défavorable, par la concurrence des bassins westphaliens, par l'importation par voie de mer, des houilles anglaises. A côté de cela, nous voyons dans le bassin de Dombrowa, sous la protection d'une barrière douanière, l'extraction du charbon suivre une courbe ascendante plus rapide qu'en Westphalie et qu'en Angleterre.

D'autre part, dans la Prusse Occidentale, a émergé au premier plan l'industrie du bois travaillant, en majeure partie, les grumes amenées de Pologne dite „russe". On pourrait citer encore beaucoup d'exemples de ce genre.

L'érection d'un Etat polonais indépendant détermine un nouveau complexe de conditions pour l'évolution, jusque là anormale et souvent même néfaste, de l'industrie, du commerce et de l'agriculture. Maintenant devront prendre les devants ces branches de la production nationale qui utiliseront les réserves naturelles du pays en matières premières, ainsi que celles qui seront appelées à satisfaire en premier lieu les besoins du marché indigène.

Voilà pourquoi notre attention devra se reporter en particulier sur les richesses minérales de la Pologne. Ici, en tout premier lieu, nous trouvons le charbon, le pétrole et le sel gemme.

Les réserves de la Pologne en charbon de terre, sont, suivant les auteurs, différemment estimées; pour l'ancienne Pologne russe les chiffres oscillent entre $2^1/_2$ et 5 milliards de tonnes; pour la Galicie, de 4.6 à 24.9; pour la Haute-Silésie, de 60 à 166 milliards de tonnes, et cela selon la profondeur considérée et selon la façon d'établir les calculs. Nous nous baserons sur les chiffres les plus élevés, comme étant les plus récents et comme étant calculés selon les règles d'une méthode admise également dans d'autres Etats et d'après laquelle sont pris en considération les réserves assurées et les réserves probables jusqu'à la profondeur de 2,000 mètres.

Le capital global en charbon de la Pologne, sans la Haute-Silésie, s'éleverait donc à environ 30 milliards de tonnes. Au taux d'extraction d'avant-guerre, notamment des 8.8 millions de tonnes de 1913, il y aurait là du charbon pour 3,400 ans. (Il est d'ailleurs plus que probable que le taux d'extraction dépassera bientôt le chiffre d'avant-guerre). Avec la Haute-Silésie qui extrait annuellement 43 millions de tonnes, la réserve polonaise s'élèverait à 195.8 milliards de tonnes, pour une durée présumée de 3,700 ans.

Au point de vue des réserves houillères, la Pologne sans la Haute-Silésie, occuperait le 5-me rang; avec la Haute-Silésie, le 2-me rang en Europe (après l'Allemagne). Il se peut que les données ci-dessus soient l'expression d'un optimisme excessif. Elles ne sont pas empruntées aux travaux des savants polonais, mais à ceux du prof. Froch, pour ce qui concerne la Haute-Silésie et à ceux du prof. Petraschek quant à la Galicie.

Ainsi, Mr l'ingénieur Kontkiewicz évaluait la réserve houillère globale de l'ancienne Pologne russe et de la Galicie, à 26 milliards de tonnes, il est vrai pour la profondeur bien plus petite de 1,000 mètres.

Du point de vue des taux d'extraction, la situation charbonnière de la Pologne, comparée à celle d'autres pays, se présente de façon beaucoup moins brillante. Ici, la Pologne sans la Haute-Silésie, vient au 7-me rang; avec la Haute-Silésie, elle n'occupe encore que la 4-me place en Europe. La chose proviendrait du fait, ci-dessus mentionné, de la très faible intensité d'exploitation des richesses houillères de la Galicie et de la Haute-Silésie.

La production indigène d'avant-guerre était loin de couvrir l'intégralité des besoins du pays et la Pologne devait importer pour le moins 6 millions de tonnes de houille et 650,000 t. de coke, provenant notamment de la Haute-Silésie. Le rattachement de cette province à la mère-patrie, garantirait à la Pologne non seulement la couverture de ses besoins propres, mais lui laisserait un excédent à exporter d'au moins 18 millions de tonnes.

En plus du charbon de terre, la Pologne possède encore des gisements assez importants de lignite et de tourbe. Le lignite se rencontre en amas de quelque importance sur le plateau dit de „Pologne mineure" (charbon de Blanowice), dans les alentours de Zawiercie, entre le bassin de Dombrowa et Częstochowa, où il apparait à une faible profondeur sous des couches de puissance moyenne (jusqu'à un mètre); ensuite, on le trouve dans les Carpathes et dans les terrains précarpathiques, ainsi que sur le plateau de Podolie.

Lignites proprement dits dans les environs de Nowy-Soncz, de Dembica, de Kołomyja, de Sniatyn, de Rawa Ruska, de Żółkiew, de Złoczów, de Trościeniec, de Czortków, sur le Dunajec et sur le Seret; en Posnanie, dans la zone septentrionale de la Haute-Silésie, dans les régions occidentales de l'ancienne Pologne russe, notamment dans le district de Kalisz, ces derniers temps, on en a decouvert et mis de suite en exploitation près de Włocławek.

La tourbe se rencontre un peu partout en Pologne; les gisements les plus abondants sont situés dans les districts nord et dans les districts ouest de l'ancienne Pologne russe; avant la guerre, l'exploitation du lignite était pratiquement infime, s'élevant en tout à 187,000 tonnes d'extraction annuelle.

En outre de la houille, la Pologne possède de très riches gisements de ce combustible, dont l'importance se range au second rang après la houille, notamment le pétrole. Les terrains pétrolifères polonais s'étendent sur 400 kilomètres en longueur, couvrant 4,000 hectares. Si l'on n'exploitait que dix lignes pètrolifères, on obtiendrait une somme de longueurs ajoutées bout à bout s'élevant à 4,000 kilomètres. Effectivement, on n'épuise annuellement que l'équivalent de deux kilomètres en longueur, ce qui, au taux actuel d'exploitation de l'industrie pétrolifère, nous représente une perspective d'activité de 2,000 ans. La production des pétroles galiciens a atteint son maximum en 1909, suivi d'une période de décroissance, au cours de laquelle on est tombé de 2,077 milliers de tonnes de 1909 aux 1,144 milliers de tonnes en 1912.

Cette décroissance de la production avait été causée par la crise de l'industrie pétrolifère de Galicie, déterminée par un trop rapide acroissement des extractions, par la chute des prix et par l'exiguïté des marchés d'écoulement.

La capacité d'exportation de la Pologne en produits dérivés du naphte est évaluée à 90,000 tonnes de pétrole, 35,000 tonnes de benzine, 90,000 tonnes d'huiles gazéifiables, 120,000 t. de lubrifiants et 30,000 t. de paraffine Sa capacité productrice s'élève d'autre part de 170,000 à 250,000 t. de pétrole, 55,000 à 65,000 t. de benzine, 120,000 à 140,000 t. d'oléogaz; 120,000 à 140,000 t. de lubrifiants et 35,000 à 40,000 t. de paraffine. Les produits du pétrole constituent et constitueront toujours un des principaux articles d'exportation de la Pologne.

A côté des huiles à pétroles, se trouve le gaz naturel, dont la valeur calorifique dépasse pour un mètre cube celle de un kg. d'huile combustible ou de 2 kgs de charbon de meilleure qualité.

Avant la guerre, par suite des bas prix du charbon et du pétrole, ainsi que du manque de canalisations, il était peu pris en considération et traité plutôt comme produit accessoire. Aujourd'hui, on ne lui attribue pas moins de valeur qu'aux pétroles et son exploitation intensive est à l'ordre du jour. En plus des gaz naturels, se rencontre encore la cire minérale qui, hors de Pologne, ne se rencontre de par le monde, qu'en quantités infimes. Avant la guerre, la production annuelle s'élèvait à 2,250 tonnes (en 1910). Sont également dignes d'attention les puissantes assises de schistes bitumineux, non exploités jusqu'à ce jour et très peu étudiés. Ces assises s'étendent sur une surface de 6,CC0 km.² contiennent jusqu'à 30 % de bitume; leur masse totale est évaluée par le prof. Szaynocha à 24 milliards de tonnes. On en peut extraire en plus des huiles minérales de l'éther, du gaz, du coke, du sulfate d'ammonium, et même de la paraffine, et des cendres pouvant servir à la fabrication de pierres artificielles. Avant la guerre, l'exploitation de ces schistes, vu la coexistance de grands gisements pétrolifères, n'aurait guère pu être faite avec profit; mais aujourd'hui, étant donnée la pénurie en combustibles dont souffre le monde entier; il serait] opportun, si ce n'est d'en amorcer de suite l'exploitation, tout au moins d'en faire une étude préliminaire des plus serıée.

Puisque nous parlons des combustibles, en tant que sources d'énergie motrice, nous ne pouvons passer sous silence ces puissants réservoirs de forces naturelles, laissées à peu près en friche jusqu'à présent et que constituent les chutes d'eau de la Galicie.

Toute cette énergie hydraulique pourrait être mise à profit en vue de l'électrification du pays et pourrait contribuer également à alimenter la petite et moyenne industrie, utilisant surtout les moteurs électriques en particulier; il y aurait là de quoi mettre sur pied la fabrication des engrais artificiels, dont la majeure partie était jusqu'à présent importée de l'étranger, notamment de l'Autriche-Hongrie, où, au cours de la guerre on avait créé de nombreuses centrales électriques, aux fins de la production de cet article. A l'heure qu'il est, ces choses restent confinées dans le domaine des élucubrations théoriques.

Nous avons donc exposé quelles grandes réserves d'énergie latente possédait la Pologne, sous forme de combustibles; nous avons également indiqué leur utilisation possible. De ce qui précède, il résulte que la Pologne, Haute-Silésie comprise, appartiendra en ce domaine à un des plus riches pays de l'Europe. En ce qui concerne les matières premières pour traitement immédiat, la situation de la Pologne est moins brillante. Au premier rang de celles-ci, viennent les minerais de fer. Ceux-ci n'apparaissent, en amas de quelque importance, que dans l'ancienne Pologne russe, principalement en quatre points: 1) dans le bassin de Dombrowa, se trouvent des gisements de limonite contenant de 30 à 40% de fer; 2) dans les environs de Częstochowa, on trouve des ocres affleurant sur environ 1000 klm. carrés de superficie, contenant de 35 à 40% de métal. 3) dans la province de Radom, les gisements répartis sur environ 1500 klm. carrés de superficie, ont une teneur moyenne de 35%, 4) enfin, dans la province de Cracovie et dans le district de Wieluń (la bande ferrifère Wieluno-Cracovienne) présentant des tenurs en fer de 25 à 37%.

En outre, se trouvent répandus un peu partout en Pologne des nids de limonites terreuses, à teneur notable en phosphore, pouvant donner des scories Thomas utilisées comme engrais phosphorés.

Les nids de quelque importance, susceptibles d'être exploités, se rencontrent dans la province de Kalisz et aussi en Posnanie, où elles sont partiellement mises en valeur, notamment dans les environs de Czarnków. En Galicie, dans les Carpathes se rencontrent de faibles couches de sidérites et de spérosidérites avec 12 à 25% de fer; cependant, de l'avis des ingénieurs et des industriels galiciens, étant donné la faible puissance de ces gîtes, il n'y aurait pas lieu de tenter ici d'exploitation. Dans les temps anciens, ces gîtes s'alimentèrent de primitives exploitations métallurgiques.

Des gisements énumérés ci-dessus, présenteront le plus de valeur en vue d'une exploitation industrielle en grand, les minerais du bassin de Dombrowa, ceux de Częstochowa, ceux de la bande Cracovie-Wieluń. Les limonites terreuses de Kalisz et de Posnanie seraient intéressantes, moins pour le fer qu'on en pourrait extraire, que pour les produits accesssoires du traitement, notamment les scories Thomas. Il importe d'ajouter que les richesses en fer de la Pologne n'ont pas été jusqu'à ce jour inventoriées, ce qui laisse la porte ouverte à des surprises. Selon l'opinion des experts du Ministère du Commerce et de l'Industrie, la découverte de nouveaux gisements de fer est des plus probable.

C'est dans la prévision de ceci, que le Ministère a déposé devant la Chambre le projet de loi tendant à suspendre, en ce qui concerne les minerais de fer, les droits privés d'exploitation minière.

L'Etat, devenu acquéreur des concession minières, deviendrait le régulateur des extractions et par suite, de toute l'industrie du fer, ce qui accroitrait simultanément les ressources du Trésor.

Les réserves de la Pologne en minerais de fer sont sujettes à des évaluations assez divergeantes. Ainsi le prof. Bohdanowicz en estimait le montant à 300 mil. de tonnes de métal. Comparé au capital en fer des autres Etats de l'Europe, ce serait une quantité relativement très faible et qui ne pourrait suffire à couvrir les besoins du pays. L'exploitation des minerais de fer dans l'ancienne Pologne russe, par suite des conditions spéciales auxquelles cette région se trouvait astreinte, était peu élevée. Ainsi, en 1913, sur l'ensemble du territoire polonais, étaient en activité 31 mines, occupant 1920 ouvriers et produisant 320,000 tonnes; en 1900, le nombre de mines était de 125 avec une production de 285.000 tonnes. Ici se faisait sentir l'action néfaste de la concurrence des riches minerais de Kriwoi Róg, dont l'importation en Pologne était favorisée par le gouvernement russe à l'abri de tarifs ferroviaires spéciaux. On importait en Pologne 475.000 tonnes de minerais russe, c. à d. le double de la production indigène.

Le bas niveau de la production polonaise était en partie fonction de conditions géologiques peu favorables, qui n'empêchaient d'ailleurs pas, que dans l'Oural, 301 mines soient en activité avec un effectif total de 17,000 ouvriers. Il est hors de doute, que dans les nouvelles conditions économiques d'aujourd'hui, l'exploitation des minerais de fer, spécialement dans le cas du rattachement à la Pologne de la Haute-Silésie, serait susceptible d'un ample développement.

L'importation annuelle, assurée presque exclusivement sur les Etats scandinaves, s'élevait à environ un million de tonnes. Indubitablement, même dans le cas de la découverte de gisements nouveaux et de l'intensification des exploitations existantes, la Pologne sera toujours tributaire de l'étranger pour les minerais riches en fer.

Pour ce qui est des autres minerais métalliques de valeur industrielle courante, la Pologne possède aussi des gisements de zinc, de plomb et, en quantités infinies, du cuivre.

On trouve le zinc, sous forme de calamine, dans l'ancienne Pologne russe, aux environs d'Olkusz et aussi en Galicie, où il est accompagné de plomb. La production globale de ces deux minerais s'élevait en 1913 à $68^1/_2$ milliers de tonnes dont 17,000 pour le zinc. Aujourd'hui, sur la base de la production et de la consommation d'avant-guerre, la Pologne dans ses limites actuelles, pourrait en exporter $8^1/_2$ milliers de tonnes.

Les fonderies de zinc de l'ancienne Pologne russe ne travaillaient que le minerai indigène; celles de Galicie fondaient surtout les calamines amenées de Haute-Silésie. Dans le cas du rattachement de la Haute-Silésie à la Pologne, la situation se modifierait du tout au tout, au profit de la Pologne, grâce à l'appoint de l'extraction silésienne qui, en 1913 s'élevait à 508,000 t. de minerai et 169,300 t. de métal ne cédant le pas que devant la production des Etats-Unis (730,400 t. de minerai; 314,500 t. de zinc métallique).

La Pologne pourrait alors exporter, toujours sur la base de la production et de la consommation d'avant-guerre, environ 130,000 tonnes.

Des gîtes plombifères, accompagnés d'affleurements cuprifères, se rencontrent dans les monts de Sainte-Croix, près de Kielce et de Chęciny, dans l'ancienne Pologne russe et aussi, en quantités beaucoup plus importantes, en Galicie, dans le coin qui s'enfonce entre la Silésie et l'ancienne Pologne russe. Les gisements de la Pologne russe ont été, jusqu'à présent, à peine exploités. L'extraction annuelle des minerais ne dépassait pas 1500 tonnes; celle du plomb métallique était d'à peine quelques dizaines de tonnes.

Sur la base d'hypothèses très problématiques, comme dit le prof. Bohdanowicz, on a calculé qu'à une profondeur de 300 mètres, entre les monts Skibski et le mont Ostrówek, se trouverait un nid de 5400 milliers de tonnes de minerai de plomb, contenant 10% de galène.

L'extraction du minerai de plomb s'élevait en Galicie à 7,1 milliers de tonnes, qu'on travaillait sur place pour en extraire 2600 t. de plomb métallique. Le déficit en plomb de la Pologne, considérée dans ses frontières actuelles, sur la base de la production et de la consommation d'avant-guerre, s'élèverait à environ 1,100 t. de plomb.

De si faibles appels à l'importation étaient avant tout, le résultat du faible développement de l'industrie métallurgique en général.

Si les calculs hypothétiques dont parle le prof. Bohdanowicz se trouvaient un jour être exactes, la Pologne, avec les faibles bassins de son marché indigène, serait même susceptible, pendant quelque temps, d'exporter de ce métal, en petites quantités il est vrai.

Du jour où la Haute-Silésie serait réunie à la mère-patrie, la situation se modifierait; en effet, la Haute-Silésie extrayait, en 1913, 52,600 t. de minerai (galène à 70% de plomb) dont on tirait 41,300 t. de plomb métallique.

La Pologne serait alors susceptible d'exporter annuellement 38,000 t.; elle prendrait, parmi les Etats producteurs de plomb, le 5-me rang dans le monde, et le 3-me rang en Europe.

Le cuivre ne s'observe que dans les environs de Kielce (la Montagne au Cuivre). Avant la guerre, l'exploitation avait été abandonnée, comme ne couvrant pas les frais.

Pendant l'occupation, au cours de la guerre, les autorités autrichiennes l'avaient remise en marche; mais la production en est si minime, qu'il n'y a pas lieu de la prendre en considération.

Par contre, sont d'un grand intérêt pour l'industrie chimique les riches dépôts de sel gemme, ainsi que les sources salées, dont on a d'ailleurs peu tiré parti jusqu'à ce jour. Elles apparaissent suivant deux alignements très distincts, aussi bien géologiquement que par leur valeur économique. Le plus important des deux — la zone salifère dite précarpathique, commence en Silésie et se poursuit à travers la Galicie et la Bukowine jusqu'en deçà dela frontière roumaine. Ses ramifications s'étendent dans la région de Kielce — ce dont font preuve les sources salées de Busk et de Solec. — Le sel apparaît en grandes masses dans les environs de Wieliczka et de Bochnia, où se trouvent les plus anciennes mines de sel de l'Europe, exploitées dès le XII-me siècle. On évalue à 400.000 t. les réserves de Wieliczka en sel comestible, sans compter 600.000 t. de sel variété impur „brun". La mine de Bochnia ne fournit que du sel comestible. — Sur le prolongement oriental de la zone salifère, on n'a pas découvert jusqu'à présent d'importants dépôts de sel gemme, (par contre, on en a trouvé à son point d'origine — en Haute Silesie — au cours de la guerre), mais on y rencontre de très nombreuses sources salées, qui sont exploitées dans une série de salines, le long des Carpathes.

La seconde zone salifère se rencontre en Posnanie, aux alentours d'Inowrocław (Hohenzalza) où en 1907 fonctionnait une mine de sel gemme, qui fut arrêtée par suite des mouvements de terrain, menaçant la ville d'écroulement. La zone se poursuit sur le territoire de l'ancienne Pologne russe, où ne se rencontre d'ailleurs qu'une seule saline en activité — celle de Ciechocinek.

D'une façon générale, les richesses en sel de la Pologne ont été jusqu'à présent très faiblement mises en valeur. Les installations des mines de la Galicie étaient loin de répondre aux exigences de la technique moderne. En 1913 — la Galicie fournissait 81.549 de sel comestible et 70.215 t. de sel technique. L'ancienne Pologne russe produisait 4.400 t. de sel comestible — la Posnanie donnait 26.000 t. de sel comestible (mine d'Inowrocław en 1906). Aussi globalement cela nous faisait — avant la guerre — une production de 112.000 t. de sel comestible et d'environ 70.200 de sel technique. Cette production n'était pas suffisante pour les besoins de la Pologne d'aujourd'hui, sans les provinces orientales. Rien que pour la Pologne russe d'avant-guerre, l'appel à l'importation s'élevait à 125.000 t. Les provinces d'annexion prussienne importaient 6.000 t. — L'excédent de la production galicienne n'aurait pu suffire à couvrir ces besoins avec son appoint, ne dépassant pas 87.500 t. Le déficit apparaîtrait encore plus grand, si nous ne prenions en considération que le sel comestible. Evidemment — il ne peut être sérieusement parlé d'une pénurie de la Pologne en sel. Ce paradoxe des chiffres s'explique par l'état quasi-préhistorique des installations des mines galiciennes et par la trop faible mise en valeur des richesses en sel de cette province. Si les mines de la Galicie étaient mises sur le même pied que celles de la Posnanie, la Pologne aurait non seulement assez de sel pour satisfaire l'intégralité de ses besoins domestiques et industriels, mais elle pourrait encore en exporter.

Dans la zone salifère de la Galicie apparaissent, près de Kałusz, les sels potassiques (kaïnite et sylvine); avant la guerre, la production en était infime (2.000 t.) comparée aux 626 490 t. d'engrais potassiques qui se consommaient en 1913 sur l'ensemble des territoires polonais. Il y a pourtant lieu de supposer que se trouveront, hors de Kałusz d'autres gisements de sels potassiques. Le fait qu'aussi bien à Stassfurt qu'à Kałusz, les gisements potassiques sont en bordure des dépôts de sel de gemme permet de supposer que les assises de sel gemme de Wieliczka et de Bochnia sont également encadrées de dépôts potassiques. Malheureusement, en dépit des efforts tentés, en son temps, par le club des députés polonais à Vienne, le gouvernement autrichien ne voulut pas entreprendre les recherches nécessaires. Il incombe aujourd'hui au gouvernement polonais de faire le nécessaire, non seulement en Galicie mais aussi dans le nord de la Posnanie, où, de l'avis des spécialistes allemands, il y a de sérieux indices de l'existence de gisements potassiques.

Dans cette partie du plateau podolien qui fait partie de la Galicie, ainsi qu'en Volhynie, se trouvent des phosphorites, également très mal exploités. Ce qui paralysa et paralyse encore l'essor de ces exploitations, c'est le manque de bonnes voies fluviales; car cette matière, relativement dense, supporte mal les frais du transport par chemin de fer.

Les besoins de l'agriculture en Pologne s'élevaient à 1,035,230 t. d'engrais phosphorés, dont 550,000 t. de phosphorites bruts et 270,000 t. de pyrites.

Parlant des matières minérales intéressant l'industrie, nous ne pouvons passer sous silence les sources iodo-bromées, rencontrées dans les terrains pétrolifères et qui pourraient alimenter une nouvelle branche de l'industrie, c. à d. la fabrication des produits iodo-bromés. Nous mentionnerons également les mines de soufre. Les gisements de soufre se rencontrent en trois localités:

1) aux environs de Szczakowa où on produisait en 1901 1,820 t. Cette mine, battue en brèche par la concurrence du soufre sicilien, avait été délaissée. L'exploitation a été reprise, elle fournit actuellement 20 t. de soufre par mois.

2) à Swoszowice, près de Cracovie, exploitation datant du XV-e siècle, on extrayait en 1866 — 11,342 t. de soufre brut. En 1884 la mine avait été abandonnée par suite de la concurrence du soufre sicilien.

3) à Truskawiec et à Dźwinicz, où il était exploité concurremment avec la cire minérale et avec le plomb.

En outre, il existe des gisements de soufre en Haute-Silésie, près de Pszów et de Krostoszowice, où on extrayait en 1913 — 3,321 t.

La plus haute teneur en soufre pur se rencontre à Swoszowice (12%). Les travaux entrepris en 1917 pour la reprise de l'exploitation n'ont pas encore donné de résultats positifs.

De belles perspectives d'avenir s'ouvrent devant diverses branches de l'industrie minérale de la construction. La Pologne possède en abondance des calcaires, du gypse, des argiles, des matériaux d'ornementation et des pierres de construction. Les assises de calcaire coquillier s'étendent sur 36 lieues polonaises carrées, suivant deux bandes: 1) dans les Monts de Sainte-Croix, depuis Przedbórz, sur la Pilica, jusqu'aux bords de la Vistule, près de Sandomierz. 2) depuis Dobszyn jusqu'à Olkusz. Les assises de calcaire jurassique couvrent 88 lieues polonaises carrées (une lieue polonaise linéaire égale un peu plus de 7 klm.), s'étendant en une large bande depuis Cracovie jusqu'à Wielun, constituant sur la rive gauche de la Vistule, l'arrête dite Wieluno-Cracovienne. Ces assises disparaissent en sous-sol, près de Wielun, pour reparaître plus loin, çà et là, sous forme d'enclaves. En Galicie, le calcaire jurassique affleure sur les bords du San, près de Dynow, s'étendant jusqu'à Przemyśl.

Le calcaire grossier affleure à l'ouest de l'ancienne Pologne russe, sur la Nida. Au sud, dans les districts de Pinczow et de Stopnica, ainsi qu'en Galicie Orientale, la craie grossière et la marne crayeuse se rencontrent dans les formations crétacées de la vallée de la Nida, ainsi que de celle de la Vistule, dans les provinces de Kielce, de Radom et de Lublin jusqu'au Bug, où ces formations, larges de 6 à 10 lieues polonaises, pénètrent en Galicie. Les plus belles craies se trouvent dans la province de Lublin, près de Chełm, Zamość et Rejowiec. Les affleurements de gypse sont localisés. Les plus abondants gisements sont situés près de Pinczow et de Busk. L'albâtre blanc se rencontre en Galicie, près de Szczerzec et de Trembowla, ainsi que sur le Dniester et près de Mielnice.

Pour la construction et l'entretien des routes, rendent

d'excellents services l'andésite de Krosno et le granit du Tatra. Pour l'ornementation et la sculpture sont adéquats les marbres roses et foncés de Dembnica, ainsi que les variétés gris-vert de Kielce. Le mont Miedzianka, près de Kielce fournit de beaux marbres rouges, veinés d'or. Chęciny donne des variétés bigarrées et veinées. Les carrières de Morawica, près de Kielce, fournissent des dalles aussi grandes que l'on veut. Spisz et Orawa peuvent fournir aussi de beaux marbres rosés. D'autre part, nos calcaires et nos dolomites fournissent d'excellente pierre de taille, notamment aux environs de Chrzanów, à proximité de la voie ferrée de Bogumin. La pierre de Pinczów constitue une bonne matière pour sculptures. La grande construction trouve à sa disposition les inépuisables richesses en pierres de l'arc carpathique et du plateau central de la Pologne.

Au premier rang se classent ici le grès de Szydłowiec et de Szydłowiec, puis viennent les grès de Wąchock et de Radom, ces derniers de teinte rouge foncée, utilisée pour les façades des maisons de luxe. On trouve de ce même grès rouge à Suchedniów et à Rumlin. Toutes les qualités, énumérées ci-dessus, ont une valeur telle, qu'elles seraient susceptibles d'être exportées à l'étranger.

Avec les grès de Suchedniow et de Szydłowiec, on fait des meules pour le travail des métaux. En Galicie. à Biała, Żywiec, Wadowice, Myślenice, on extrait des grès pour dalles d'escalier, pour le pavage des rues, etc.

Dans les Carpathes on extrait un grès servant à la fabrication de fines meules pour meunerie, etc. Toutes ces richesses étaient, avant la guerre, très faiblement exploitées, et suivant des méthodes assez primitives. Globalement, il y avait dans la Pologne russe 355 carrières, occupant 2.888 ouvriers. En Galicie, 651 avec 5.884 ouvriers En Haute-Silésie 269 avec 2.929 ouvriers.

Tel est, à peu de chose près, l'état général et l'étendue des ressources minérales de la Pologne.

L'existence d'un grand marché indigène assure à l'industrie une large indépendance, par rapport aux marchés extérieurs. Il importerait donc que se dessinent à l'avant-plan ces branches de l'industrie, qui sont dotées de bases naturelles à leur développement, soit en matières premières, soit dans l'appel du marché indigène. Quelles sont ces industries? Avant tout, les industries des mines et forges, c. à d. celles qui s'occupent de l'extraction et du traitement premier des minerais et particulièrement celles adaptées aux ressources minérales de la Pologne (houille, pétrole, sels potassiques, minerais, ozokérite, calcaires, argiles, marbres, pierres de taille, etc.); ensuite, les industries métallurgiques proprement dites: en premier lieu, la fabrication des machines, des appareils agricoles, ensuite l'industrie minérale (fabriques de chaux, ciments, briques, verreries, céramiques, etc.); l'industrie du bâtiment, l'industrie chimique (distillation sèche du charbon, du bois, raffineries de pétroles, produits chimiques, engrais artificiels, etc.); les industries alimentaires (brasseries, distilleries, sucreries, raffineries, amidonneries, féculeries); l'industrie du bois, l'industrie textile, et ensuite les autres branches de l'industrie, en partie adaptées aux besoins des marchés orientaux.

Quel était effectivement l'état de l'industrie polonaise, de par le fait du partage du pays entre trois Etats?

Nous trouverons la réponse à cette question dans le tableau ci-dessous, relatif à la Pologne d'aujourd'hui, non comprises les provinces dites „des confins orientaux", qui lui ont été attribuées par les stipulations de Riga.

Industrie	Nombre d'établissements	Nombre d'ouvriers	Bilan commercial probable	Articles d'exportation
1. Industrie minière	823	86 009	négatif	Pétrole et produits dérivés, ozokérite, zinc.
2. Industrie textile	1 897	157 426	positif	Tissus de coton et lainages de l'ancienne Pologne russe.
3. Produits alimentaires. .	18 649	120 159	"	Sucre, sucreries, alcool, amidon.
4. Articles métalliques, industr. métallique	12 682	122 453	négatif	Ustensils divers, fers demi-bruts, meubles en fer, art. émaillés, tuyaux, fers étirés, exclus de l'ex Pologne russe.
5. Ind. minérale	3 696	71 027	"	Chaux, ciment, pierre de taille, verres, presque excl. de la Pologne russe, à l'exception de la pierre de taille.
6. Papéteries	769	16 026	"	Papiers de qualité inférieure, pap. à cigarettes, carton bituminé de la Pologne russe, chiffons de la Posnanie et de la Prusse occident.
7. Ind. graphiques	879	11 393	"	Cartes illustrées de la Galicie.
8. Indust. du bois.	8 247	60 086	positif	Bois en grumes, bois lisse, bois scié; meubles de la Pologne russe, bois bruts et mibruts de Posnanie et de Prusse Occidentale.
9. Produits animaux	2 220	13 955	négatif	Peaux appretées; peaux pour cuirs ouvrés, savon de la Pologne russe.
10. Ind. Chimique	707	16 926	"	Acides, blanc de zinc de Pologne russe; soude, soude caustique.
11. Ind. de la Confection. . .	34 055	80 946	"	
12 Diverses	8 635	79 436	"	
Au total .	93 259	835 842		

A l'examen du tableau ci-dessus, il apparaît, que pour l'ensemble de la Pologne, seules les industries textiles, du bois et des produits alimentaires présentaient un bilan commercial actif; par contre, les industries minières, métallurgiques, mécaniques, minérales et chimiques, bien que possédant des bases naturelles de développement, sous forme de matières premières se trouvant sur place, étaient beaucoup moins développées que les premières.

Pour l'industrie textile, nous constatons un excédent des exportations; l'ancienne Pologne russe jouait ici le rôle de facteur déterminant avec ses 150.305 ouvriers tisserands sur un total de 157.426. L'industrie des produits alimentaires avait pris son maximum d'essor, en Posnanie et en Prusse Occidantale; puis venait la Pologne russe. Ici le facteur déterminant des exportations était en Pologne d'annexion prussienne. Quant à l'industrie du bois, elle travaillait pour l'exportation dans les trois tronçons de la Pologne; le territoire annexé à la Prusse livrait surtout du bois ouvré; la Pologne russe et la Galicie, des bois bruts et mi-ouvrés. La Pologne russe exportait également des quantités notables de meubles.

La guerre a déterminé dans cet état de choses, des modificatione radicales. En premier lieu, la chose s'est manifestée sous forme de destruction, du fait de la guerre, de toute une série d'ateliers de production. Les établissements sis sur la rive droite de la Vistule, c. à d. derrière la première ligne défensive russe, eurent le plus à souffrir à ce point de vue. Les dégâts causés directement par les opérations militaires sont relativement peu considérables. Les autorités russes se montrèrent plus destructives que les éclatements d'obus, par les déprédations volontaires qu'elles infligèrent à l'industrie polonaise, sous la forme des réquisitions du matériel des usines, lequel fut expédié en Russie et des destructions à la dynamite de machines et même d'usines entières, lors de la retraite finale des troupes russes. C'est ainsi que furent anéantis les plus puissants établissements métallurgiques de Pologne, tels ceux des firmes „Lilpop, Rau et Loewenstein", „Rudzki & Cie", toute une série d'usines mécaniques à Lublin; c'est ainsi que fut déménagée en Russie la plus grande usine polonaise de tours mécaniques, „Gerlach et Pulst" etc. L'action systématique, conduite suivant un plan élaboré d'avance des autorités d'occupation allemandes, en vue de paralyser la future concurrence polonaise sur les marchés russes, porta le dernier coup et le plus sensible à l'industrie polonaise.

Les Allemands s'en prirent avant tout à l'industrie textile, la plus florissante en Pologne et la plus à craindre pour eux dans la course à la conquête des marchés russes; ensuite, vint le tour des industries métalliques et mécaniques, dont on réquisitionna les matières premières, puis des courroies de transmission, qu'on expédia en Allemagne et enfin des parties de machines, en cuivre ou alliages de cuivre; pour obtenir quelques dizaines de kgs de cuivre, les Allemands n'hésitaient pas à rendre inutilisables les machines, à arrêter le fonctionnement d'usines entières.

Dans les campagnes, d'impitoyables réquisitions, de beaucoup plus sévères qu'en Allemagne, le manque d'engrais artificiels et de machines agricoles, contribuèrent à réduire considérablement la superficie des terrains ensemencés et à restreindre le rendement des récoltes.

La politique allemande, systématique et conséquente dans l'élaboration de ses plans et dans la conduite de leur réalisation, ne pouvait pas ne pas atteindre les objectifs visés. Et en effet, tous les métiers des usines textiles s'arrêtèrent, tous les fours, toutes les cheminées de fabriques s'éteignirent: industrie des métaux, industries mécaniques, minérales, chimiques, industries du vêtement, tout stoppa.

Seuls furent maintenus en activité les ateliers indispensables aux besoins de l'armée et ceux dont la concurrence ne pouvait, en aucune manière, inquiéter les industriels allemands. Seuls, purent donc fonctionner les ateliers de la moyenne et petite industrie mécanique travaillant exclusivement aux réparations; d'autre part, fonctionnèrent encore les sucreries, et en nombre très limité, des brasseries et des distilleries. Prirent alors naissance de nouvelles féculeries, des fabriques de légumes secs; on installa de nombreuses scieries; on fit tout pour maintenir en activité les mines de charbon et de calamine, on remit même en marche une exploitation de minerais de cuivre, abandonnée de longue date. Tout cela était déterminé par les besoins urgents de la guerre. On exportait en masse le bois polonais en Allemagne, lequel servait dans les pays neutres à payer les achats de l'Allemagne.

Voilà en quel état se trouvait la Pologne quand elle recouvra son indépendance. Mais le cours des événements ne lui permit pas de consacrer toutes ses forces à la reconstruction de sa vie économique.

Elle dût mener la guerre contre la Russie bolchéviste, guerre qui, dans sa première phase du moins, lui fut imposée par la coalition sous la menace, dans le cas où elle aurait conclu la paix, de résoudre en sa défaveur, les affaires pendantes de Gdańsk (Dantzig), de la Silésie de Cieszyn (Teschen) et de la Haute-Silésie, guerre qui détermina la dégringolade effrénée du change polonais. La constitution hâtive d'un énorme appareil d'Etat eut comme corollaire des fautes, de nombreuses lacunes, partiellement causées par l'impréparation d'un personnel de fortune; l'Etat, fraîchement formé, se heurta à de multiples difficultés d'ordre intérieur, eut à affronter les difficultés soulevées par les antagonismes de classe, par la question agraire, par le problème des sans-travail, etc. autant de circonstances qui n'étaient pas de nature à faciliter la tâche du nouvel Etat.

Et ici, nous avons le droit d'affirmer catégoriquement, qu'en dépit de tout, beaucoup de travail positif fut accompli.

Malheureusement, il fut malaisé d'établir les tableaux statistiques concernant l'industrie polonaise pour l'ensemble du territoire: l'état d'indétermination des frontières pesa lourdement sur ces travaux et ne permit pas de dresser le bilan définitif des pertes de guerre et des progrès effectués dans la renaissance de la vie économique. Les données recueillies par les soins du Ministère du Commerce et de l'Industrie, ainsi que celles fournies par les associations professionnelles d'industriels permettent néanmoins d'esquisser, avec une certaine approximation, la situation actuelle de l'industrie. Auparavant, nous voudrions indiquer brièvement les obstacles les plus ardus à surmonter sur la voie de la reconstruction du pays. Telles sont, entre autres: 1) le manque d'un parc suffisant de chemins de fer 2) le manque de charbon 3) l'état d'usure du matériel disponible 4) l'état déplorable du change, paralysant les acquisitions de machines et de matières 5) la pénurie de capitaux. De tous ces maux, le plus redoutable, est, sans contredit, l'insuffisance du matériel de transport. Ainsi, par rapport à la situation d'avant-guerre, nous sommes ici en présence d'un formidable déficit: 2187 locomotives (contre 4,804 avant la guerre), 6230 wagons de voyageurs (contre 12,011 en 1914), 69,913 wagons de marchandises (contre 120,110). Ceci est concomitant d'arrêts continuels dans la marche des usines en reprise de travail par suite des arrêts périodiques dans les arrivages des matières premières et du combustible. Il en résulte un extrême relèvement des frais de production, une fausse pénurie de produits sur le marché, accompagnée souvent de la pléthore des magasins d'usines, autres facteurs de paralysie de la production, etc. La chose se fit particulièrement ressentir au cours de la dernière guerre polono-bolchévik, la majeure partie du matériel de transport ayant dû être utilisée pour les besoins de l'armée et du ravitaillement. Il y eut ainsi des moments où, quand le pays souffrait du manque de charbon, le carreau des mines du bassin de Dombrowa était engorgé à refus, et qu'on éprouvait les plus grandes difficultés à prendre livraison du contingent de charbon silésien alloué à la Pologne. Les mêmes causes paralysaient le trafic d'exportation dont on ne parvenait pas à tirer tout le parti possible en vue de l'amélioration de notre change.

D'autre part, et indépendamment de ce que nous venons de dire, l'oeuvre de la reconstitution de l'industrie nationale s'est heurtée au manque de charbon. Il en résultait la non-activité de plus d'une usine, remontée et prête à sa remise en marche. Il suffit pour se rendre compte de la chose, de comparer les besoins effectifs de l'industrie en combustible, au montant de la couverture de ces besoins: (en tonnes, pour la période de janvier à juillet 1920).

mois	besoins	couverture	% de couverture
Janvier	407,495	129,863	32 %
Février	412,085	138,817	34
Mars	504,810	165,801	33
Avril	493,825	190,901	40
Mai	509,958	151,000	30
Juin	519,452	209,000	40
Juillet	502,810	274,175	53

Comme il apparaît à l'examen du tableau ci-dessus, durant le premier mois de l'année fut assuré seulement le 32% de la quantité nécessaire; en juillet le chiffre s'élève à 53% par suite de l'augmentatiou du contingent de la Haute-Silésie, qui fut porté de 200,000 à 450,000 tonnes mensuelles. Au cours des mois suivants, par suite de la crise des transports, les arrivages de charbon aux usines diminuèrent considérablement, si bien qu'en décembre, le % de la couverture était retombé à 29. Le chiffre de 47% mesurant la différence entre les besoins et la couverture, représente également la proportion suivant laquelle, sans aucun autre effort, pourrait être accrue l'intensité de la production industrielle en Pologne, si la crise du charbon ne venait s'y opposer. En août de la même année, pour un même contingentement en charbon, le % de la couverture s'abaisse par suite de l'augmentation de la demande. Le contingent du charbon attribué à l'industrie pour le mois de juillet, comparé à celui du mois de janvier, représente une progression de 111%, valeur représentative du procès de renaissance de l'industrie au cours du premier semestre de 1920. C'est là un indice très sérieux de progrès.

Il ne faut d'ailleurs pas oublier, que ceci ne peut pas être l'expression adéquate d'une progression dont l'origine date de 1919.

D'autre part, il faut noter le fait, de bon augure pour l'avenir que, parallèlement à la remise en état des anciens établissements, s'est dessiné un mouvement de création de nouvelles entreprises.

Jusqu'à la date du 10 juin 1920, le Ministère du Commerce et de l'Industrie a entériné les statuts de 197 sociétés par actions, dont 151 entreprises industrielles, sans compter que restaient alors encore 79 demandes à liquider. On enrégistra, dans la même période, les accroissements de capital de 67 sociétés, dont 35 demandes restant en suspens.

Au troisième rang des facteurs qui paralysent aujourd'hui le développement de l'industrie en Pologne vient la baisse du change polonais, qui freine l'achat au dehors du matériel et des matières premières de prime nécessité. Le gouvernement s'efforce, par le moyen d'accords de compensations, de remédier à cet état de choses. Mais cela ne suffit pas pour amortir la chute du papier polonais: car les difficultés de transport d'une part, le retard de la mise en train des industries d'exportation d'autre part, font que par cette voie on n'arrive à obtenir qu'une faible partie des machines et des matières premières indispensables. La chute ininterrompue du mark polonais n'est pas seulement consécutive d'une effrénée spéculation à l'étranger, elle est, dans une certaine mesure fonction de l'accroissement des achats de l'industrie textile et des industries métallurgiques, en prévision de l'ouverture prochaine des marchés orientaux.

Cette dépréciation des devises polonaises, susceptible de déterminer une véritable catastrophe, doit être enrayée par l'application de nouvelles mesures, conduisant à l'élimination absolue du payement des achats, faits au dehors, en monnaie étrangère. Telle serait, par exemple, la vente à l'Etat dont on a tiré les matières premières des produits manufacturés chez nous, en proportions correspondantes au montant des achats de matières, sans tenir compte des besoins du marché indigène.

On a déjà eu recours à ce système, à propos des engrais artificiels et cela au grand profit des agriculteurs, de l'Etat et du change. Il se peut que l'application de ces mesures ne soit pas du goût des industriels du textile et du métal, qui escomptent les bénéfices mirifiques des marchés orientaux; mais à cela, on n'y peut rien.

Nous avons aussi mentionné plus haut, le manque de capitaux comme étant un obstacle à notre essor industriel.

On remédie partiellement à ce mal par l'action concertée des groupes bancaires qui financent les entreprises naissantes, par les crédits ouverts par le gouvernement, par les commandes passées directement par l'Etat.

Passant maintenant à l'examen des diverses branches de l'industrie polonaise, nous attirons l'attention du lecteur sur le fait que le matériel statistique, recueilli par le Ministère du Commerce et de l'Industrie ou fourni par les associations d'industriels, se rapporte à diverses époques et est parfois sujet à caution.

Au premier plan se rangent évidemment les produits des industries minières, telles que: houille, pétrole, sel gemme, minerais de fer et autres, ozokérite, etc.

En 1919, l'extraction du charbon de terre s'est élevé en Pologne à 6.083.686 tonnes, c. à d. environ 68°/₀ de la production d'avant-guerre. La dépression de la courbe de production était donc de 32°/₀.

A la même époque, on constatait dans les divers pays producteurs de charbon les diminutions suivantes: Angleterre 32°/₀, France 32°/₀, Allemagne 25°/₀, Belgique 22°/₀, Bohême 21°/₀. La Pologne se rangeait donc parmi les pays où cette dépression fut la plus accentuée.

Cette affirmation n'est pas néanmoins, strictement exacte. La cause effective de ce recul dans la production était l'état de délabrement technique des mines et l'impossibilité de remplacer par des machines neuves un matériel usé jusqu'à la corde. Cette crise dans la production de la houille date de 1917, lors de l'occupation austro-allemande; alors les machines, amenées antérieurement d'Allemagne en remplacement de celles qu'avaient détruites les troupes russes pendant leur retraite, avaient, par suite de leur surmenage, amené une baisse de l'extraction de 0,9 t. à 0,73 t. par ouvrier, et la production se maintint à ce niveau jusqu'à la constitution de l'Etat polonais indépendant. A ce moment, par suite de facteurs d'ordre psychique aisément compréhensibles, la production tomba à 0,4 tonne par ouvrier, pour se relever à 0,5 t. au cours du premier semestre 1919, puis à 0,57 au cours du second semestre. Pendant le 1-er trimestre 1919, l'extraction totale atteignit 60% de celle d'avant-guerre; celle du 2-me trimestre 63%; celle du 3-me trimestre 70%; celle du 4-me trimestre atteignit 80%. Durant le 1-er trimestre 1920, avec un accroissement de production individuelle, nous constatons une baisse de la production globale à 70%. Au cours du 2-me trimestre 1920, la production se maintint au même niveau, au cours du 3-me trimestre elle remonta légèrement à 72%; pour le 4-me trimestre, on constata une nouvelle dépression occasionnée par les difficultés du ravitaillement des travailleurs.

Les chiffres avancés ci-dessus sont un témoignage éloquent de la grandeur des efforts faits et seront la meilleure réponse à l'argumentation allemande, qui prétend que le rattachement de la Haute-Silésie à la Pologne serait concomitante d'une baisse des extractions.

La production des huiles à pétroles s'est élevée en 1919 à 830, 639 tonnes, c. à d. 79% de la production d'avant-guerre. La baisse de la production a donc été ici moins importante que dans les charbonnages. En elle-même, la baisse fut fonction de tout un complexe de facteurs. En premier lieu, nous avons l'invasion ukrainienne (1-er trimestre 1919), ensuite, et avant tout, les difficultés ferroviaires et enfin, tout comme dans les mines de charbon, le manque de matériel, qui paralysa énormément les nouveaux fonçages. L'influence néfaste du manque de moyens suffisants de transport apparaît dans le fait suivant: les arrivages aux raffineries s'élevèrent en tout et pour tout à 242.104 t. de pétrole; or, au lieu d'exporter le contingent normal de 90,000 t. d'huiles lampantes, 35,000 t. de benzine, 90,000 d'huiles gazéifiantes, 120,000 t. de lubrifiants et 30,000 t. de paraffine, on ne parvint à transporter à l'étranger que 67,910 t. de produits raffinés et 21,290 t. de pétrole brut, donc au total 99,200, tonnes, ce qui ne représente que le 26°/₀ des quantités susceptibles d'être raffinées et exportées.

Par suite de cela, s'était constitué vers la fin de 1919 une réserve de pétrole brut de 523,036 t., qui s'est accrue encore au cours de l'année 1920, pour atteindre à peu près la valeur de la production d'une année. Dans le premier trimestre 1920, on avait réussi à évacuer 50,910 t. de produits raffinés et 2,800 t. de pétrole brut, c. à d. presque 75°/₀ de plus qu'au cours d'un trimestre moyen de l'année 1919, exception faite pour la période d'invasion ukrainienne. Pendant les 2-me, 3-me, et 4-me trimestre de 1920, par suite de la crise aiguë des transports, se produisit un engorgement des réservoirs, ce qui nécessita une réduction notable de la production; en définitive, le gouvernement dut autoriser l'exportation de tout l'excédent de pétroles bruts.

D'autre part, d'après la convention signée avec la Tchéco-Slovaquie, ce pays doit, durant 1921, recevoir 12,000 citernes de pétrole.

A titre de comparaison, nous rappellerons que la Roumanie, qui en 1913, produisait 820,000 t. de plus que la Galicie, vit en 1919 sa production tomber à 920,000 t. dont ne furent exportés, également par suite de difficultés de transports que 37,452 t., c. à d. environ le tiers de ce qu'avait réussi à exporter la Pologne. Malgré tout, supposant même écartées toutes difficultés d'ordre ferroviaire, on reste en présence de l'inéluctable nécessité d'avoir à se procurer le matériel de fonçage, par voie d'accords de compensation, et il faudra entreprendre des sondages d'essais, en de nouveaux terrains, car il est hors de doute que les réserves du bassin Borysław-Tustanowice sont en voie d'épuisement progressif.

C'est ainsi que, de l'avis des experts, les prospections devraient s'orienter par exemple vers les terrains de Krosno, où l'on a constaté plus de vingt fissures pétrolifères et dont à peine quelques unes sont en exploitation.

L'extraction de l'ozokérite a subi une réduction beaucoup plus importante. En 1919, on en a extrait en tout 300 tonnes contre les 2,250 t. d'avant-guerre.

Mais déjà, dans le courant de janvier 1920, la production avait sauté à 255 t., c. à d. à peu de chose près à la production mensuelle moyenne d'avant-guerre.

Quant aux gaz naturels, leur exploitation a suivi une marche ascendante très accentuée, qui ne s'est d'ailleurs pas ralentie. Avant la guerre ce produit était peu exploité et l'insuffisance des installations de canalisations occasionnaient un fort gaspillage de ce combustible. Dans le seul bassin de Borysław-Tustanowice, la captation du gaz qui s'élevait en janvier à 514,63 m. cubes à la minute atteignait en avril, 548,97 m. cubes-minute. A Biłkow, on capte 30 m. cubes-minute, à Krosno, 5 puits fournissent à eux seuls 400 m. cubes-minute.

Globalement, la captation des gaz fournit l'équivalent d'un million de tonnes de houille. Selon l'avis de l'ingénieur Mr. Swiętochowski, la ligne gazéifère de Krosno se poursuit sur une longueur de 4 kl. sur $^1/_2$ klm. en largeur. On pourrait y foncer environ 200 puits.

La production des minerais de fer s'est élevée en 1919 à 93,342 t., c. à d. le 30% de l'extraction d'avant-guerre, occupant le 50% de l'effectif ouvrier antérieur.

Le déficit, par rapport aux besoins des hauts-fourneaux en activité s'élevait à environ 35,000 t. par mois. Comme l'a constaté le Ministère du Commerce et de l'Industrie, à l'appui du projet de loi de „suspension de la liberté minière“ (en ce qui concerne les gisements de fer) qu'il a dernièrement déposé devant la Chambre, les terrains ferrifères en possesion des sociétés de hauts-fourneaux actuellement en activité leurs assurent une large production pour de longues années; les tentatives faites de ce côté en vue de s'assurer la possession de nouvelles concessions de fer sont uniquement faites dans le but d'accaparer toutes les richesses en minerais de fer du territoire et d'empêcher ainsi la création de nouveaux hauts-fourneaux.

La production totale des 5 hauts-fourneaux remis en route, au cours du ler trimestre 1920, s'éleva à 7,000 t. mensuellement, c. à d. le 20% d'avant-guerre; pendant le second trimestre, on alluma deux autres hauts-fourneaux, à quoi correspondit une production de 13,000 tonnes mensuelles, c. à d. le 37% d'avant-guerre. Si on mettait en train encore deux hauts-fourneaux et à condition que le charbon ne manquat pas, la production pourrait être portée à 270,000 t. annuelles, c. à d. au 63% de la production d'avant guerre.

Des 15 fours Martin, en activité avant la guerre, on en a réallumé seulement 6 pendant le 1-er semestre 1920, qui produisirent 8,000 t. par mois, c. à d. le 18% des quantités d'avant-guerre.

Au cours du 2-me semestre de la même année, on prévoyait que fonctionneraient au total 9 fours, produisant 14,000 t. par mois, c. à d. le 33% de la production d'antan.

On s'attend, pour l'année 1921, à voir la production en fer des fours Martin atteindre 220,000 t. pour l'année c. à d. le 58% de la production d'avant-guerre. L'extraction des minerais de zinc s'est approximativement maintenue à son ancien niveau. En 1919, furent extraites 67,119 t. de minerai contre 68½ milliers en 1913. Par contre, la production du zinc métallique a diminué, tombant de 17 milliers de tonnes en 1913 à 6420 t. en 1919, c. à d. le 38% environ de la production d'avant-guerre.

Encore plus sensible est la diminution de la production du plomb, qui s'abaisse de 2,600 t. en 1913 à 678 t. en 1919, atteignant à peine le 26% de la production antérieure.

Les choses allèrent relativement le mieux pour ce qui concorne l'industrie minière du sel. Et ceci, bien qu'en 1919 la production n'ait fourni au total que 166 milliers de tonnes contre les 182,000 t. de 1913, décroissance passagère dûe au 60% de manque à la production de la Posnanie, que ne put compenser l'intensification des extractions en Galicie. Mais nous voyons, dès le 1-er trimestre 1920 la production s'élever à 23,000 t. par mois ce qui correspond à une plus-value de 40% par rapport à la production de 1913 (effectivement, l'accroissement de production pour la Galicie s'élevait à 60%; en Posnanie, on s'était maintenu au niveau d'avant-guerre: dans l'ex-Pologne russe la production avait baissé de 53%). Il y a lieu de s'attendre à de nouveaux progrès dans l'extraction du sel qui, pour la Galicie seule, est susceptible d'atteindre le rendement mensuel de 25,000 t. Plus rapide encore est l'essor de la production des sels potassiques de Kałusz. Au cours du 1-er trimestre 1920, les extractions égalèrent presque celles de l'année 1913, c. à d. 1,200 tonnes. Il ne faudrait néanmoins pas supposer que le déficit en sel du pays se laisse rapidement combler, par suite des énormes besoins nouveaux en relation avec le rattachement à la Pologne des territoires orientaux, de par les stipulations de Riga, et le cas échéant, après le retour â la mère-patrie, de la Haute-Silésie.

En 1919, ce déficit représentait environ 1,700 wagons, couvert par les importations d'Allemagne.

Nous passerons maintenant à l'examen des diverses branches de l'industrie usinière.

Pour l'industrie textile, les débuts d'une partielle remise en route se placent vers juillet 1919, époque à laquelle 27,000 balles de coton vinrent d'Amérique. Dans le tableau ci-dessous sont donnés les chiffres établissant l'importance de la reprise d'activité de cette branche de l'industrie, jusqu'à la date du 1-er mai 1920.

INDUSTRIE DU COTON			
	1913	Au 1-er mai 1920	Pourcentage
Broches	1,435,000	500,000	34,8%
Métiers	36,000	7,400	20,5%
Ouvriers	70,000	17,000	25,4%
LAINAGES			
Broches	1,120,330	239,230	21,3%
Métiers	29,550	5,100	16,6%
Ouvriers	87,000	23,000	25,3%
TISSAGE DU LIN, CHANVRE, JUTE			
Broches	44 800	11,350	25,3%
Métiers	3,900	450	11,5%
Ouvriers	14,100	3,900	27,6%

D'une façon générale, la reprise du travail dans les tissages n'a pas dépassé les 30% d'avant-guerre, chiffre que des arrivages réguliers de charbon et de coton pourraient facilement élever à 50%. L'achat des cotons et des laines par les tissages, contribue fortement à la baisse du change polonais. L'application du principe de l'échange — produits manufacturés contre matières premières, s'impose ici plus que dans toute autre branche de l'industrie.

Pour ce qui concerne l'industrie métallurgique, il est difficile ici de fixer un pourcentage quelconque de remise en activité, vu le manque de données précises quant à la Galicie, la Posnanie, et la Prusse Occidentale. Dans ces régions, les établissements métallurgiques n'ont pas souffert du fait de la guerre; il y a donc lieu de supposer que le nombre des usines en activité ne s'est pas beaucoup modifié, comparé à celui d'avant-guerre.

Par contre, par suite de la pénurie en charbon et en matières premières, il y a lieu de croire que l'intensité de la production a baissé et que les effectifs des travailleurs ont été réduits.

En tout cas, cette réduction ne peut dépasser 50%. Pour ce qui est de l'ancienne Pologne russe, des 459 établissements, grands et petits, d'avant la guerre, à peine 195 ont rouvert leurs portes; du nombre sont: 42 fonderies de fer, 8 fonderies d'alliages jaunes, 22 ateliers mécaniques, 27 fabriques de machines et d'outils agricoles, 96 divers. Les effectifs ouvriers atteignaient à peine le 14% du chiffre antérieur. Ce sont les fabriques de machines et outils agricoles qui ont le plus „bougé" (55% de reprise).

La grosse pierre d'achoppement à la remise en route des établissements métallurgiques est le manque de tours mécaniques qui, pour la plupart, ont été transportés en Allemagne. C'est là une des revendications essentielles que soulève l'Etat Polonais en ce qui concerne, en général, le matériel rafflé par les Allemands. Certaines maisons importantes du pays (telles que: „Ursus", „Rohn & Zieliński",

„Perkun", à Varsovie; „J. John" à Łódź; „Krawczyk & Sambor" à Zawiercie, etc.) ont pris l'initiative d'organiser la fabrication de ces appareils; mais ce qu'elles peuvent produire ne peut répondre, même de loin, à l'ensemble des besoins en ce domaine.

L'industrie alimentaire a également subi de très lourdes pertes. Dans cette branche, on a beaucoup souffert de la crise de production du sel; le manque de sel a obligé le gouvernement à limiter les livraisons à l'industrie de ce produit, ceci afin de pourvoir aux besoins immédiats de la population; dans un autre ordre d'idée, le gouvernement, obligé d'importer les farines, dut restreindre la production de l'industrie agricole. C'est l'industrie sucrière qui a relativement subi les moindres pertes. Avant la guerre, la Pologne russe possédait 54 sucreries; de celles-ci, 17 furent détruites au cours de la guerre.

Quant à la Posnanie et à la Prusse Occidentale, elles conservèrent intactes leurs 29 sucreries. La campagne sucrière de 1919—1920, a fourni: dans l'ancienne Pologne russe 35,000 tonnes; en Posnanie, 60,000 tonnes c. à d. respectivement les 8,5% et 16,9% des productions d'avant-guerre. Pour la campagne 1920 — 1921, on prévoit au moins une fois et demie autant de sucre, ce qui permettra non seulement de relever les rations allouées à la population, mais aussi d'en exporter à l'étranger (est prévue l'exportation d'environ 75,000 quintaux). La campagne de 1919—1920 fut désastreuse pour l'industrie sucrière. Les faibles arrivages de charbon ne permirent pas de traiter tous les stocks de bettraves, dont une partie fut perdue. En outre, par suite des gelées précoces, les betteraves perdirent beaucoup de leur teneur en saccharose. La campagne de 1920—1921, s'annonce sous de bien meilleurs auspices. On s'attendait à un rendement de 360,000 tonnes de sucre, pour une très faible augmentation de la superficie des plantations de betteraves. Ce qui, comme nous l'avons dit, permettra d'exporter de notables quantités de ce produit. Pour remonter l'industrie sucrière, il serait indispensable de mettre en vigueur le séquestre complet des produits de la terre; car, avec le système du commerce libre pour les autres produits, la fixation de prix maximum pour les betteraves, conduit à une restriction de la culture des betteraves au profit des autres cultures.

Pour ce qui est des distilleries, dans la période 1919—1920, fut interdit le traitement des pommes de terre saines. On n'accordait d'autorisation que pour le traitement des pommes de terre gelées, ainsi que des mélasses. Nous n'avons pas de données précises, en ce qui concerne la production de l'esprit-de-vin dans l'ensemble des territoires polonais. En tout cas, elle n'a atteint qu'un faible pourcentage de celle d'avant-guerre. De même, on a constaté une baisse notable dans la production de l'amidon, bien que n'eussent été détruites que 11 usines au total. Dans la période 1919 — 1920, la production atteignit 7,000 tonnes, contre 85,000 t. avant la guerre.

Ici, entrèrent en jeu les prix trop bas fixés par le Ministère du Ravitaillement, le manque de charbon et un trop faible contingentement en pommes de terre saines, ce qui s'opposa à la remise en activité de nombreuses amidonneries en état de travailler.

Les autres branches de l'industrie connurent le même marasme (industries minérales, du bois, des produits animaux, des produits chimiques, etc.).

Ainsi, pour ce qui est de l'industrie minérale, en 1920, dans l'ancienne Pologne russe n'étaient actifs que 21 fours à chaux, produisant par mois 12,000 tonnes de chaux, c. à d. e 35% de la production d'avant-guerre.

Pour ce qui est de la Galicie et de la Posnanie, les données statistiques n'ont pas encore été rassemblées. Les chiffres ci-dessus sont d'ailleurs loin de donner un aperçu de la production sur l'ensemble du territoire. En effet, si la production en chaux de la Posnanie était minime, par contre, la Galicie avec ses 72 établissements, produisait avant la guerre au moins 210,000 t. annuellement; or, comme nous l'avons déjà dit, les installations industrielles de la Galicie ont, en général, peu souffert du fait de la guerre.

En 1920, fonctionnaient dans l'ensemble de la Pologne 12 fabriques de ciment (9 dans l'ancienne Pologne russe, 3 en Galicie) produisant par mois de 100,000 à 110,000 barriques de ciment; or, avant la guerre, l'ancienne Pologne russe à elle seule avait une capacité de production atteignant 400,000 barriques par mois, dont 250,000 pouvaient être franchement exportées.

La pénurie de charbon, l'insuffisance du matériel ferroviaire, empêchaient les fabriques de ciment de produire leur plein; à côté d'une pénurie factice de ciment, on voyait les magasins des usines bondés au point d'entraver la marche de la fabrication.

Des 34 sucreries que possédait la Pologne russe, 21 seulement fonctionnaient en 1920, occupant 3400 ouvriers (7,000 avant la guerre) avec un rendement de 25°/₀, comparé à celui d'avant-guerre.

En Galicie, il y avait 5 verreries dont 3 en activité, produisant les 60°/₀ d'avant-guerre. Un fait qui caractérise très bien l'état actuel de l'industrie en Pologne est que l'union syndicale professionnelle des ouviers verriers a dû, de concert avec les patrons, entamer de longs pourparlers avec le gouvernement, en vue d'obtenir les contingents de charbon nécessaires à la mise en route de deux établissements jusque là inactifs, mais équipés pour travailler.

Des cas analogues se sont fréquemment présentés dans d'autres branches de l'industrie. Sans le manque de combustible, toutes les verreries auraient pu rallumer leurs feux.

Quant aux briqueteries, leur situation est la suivante: en ancienne Pologne russe: entreprises 30%; ouvriers 22%; productions 15% (en pourcentages par comparaison avec l'activité d'avant-guerre). L'ancienne Pologne russe est à même de produire 1,2 milliards de briques par an; avec le contingentement actuel en charbon, la production ne peut guère dépasser 100 millions de briques par an.

Dans l'industrie du papier, en 1920, étaient actives 12 usines avec 19 machines et 2385 ouvriers, contre 31 machines en 1914 et 4090 ouvriers. La production atteignait 380 wagons par mois, contre 450 avant la guerre. Les besoins de la consommation s'élèvent à 1,000 wagons par mois. Le manque de charbon occasionna de fréquents arrêts dans la fabrication, contribuant ainsi à grever les frais de production et à hausser les prix du papier.

Quant aux autres branches de l'industrie, nous ne possédons seulement que des données fort générales et des plus approximatives, et relatives seulement aux territoires de l'ancienne Pologne russe. Ainsi, l'industrie chimique n'aurait manifesté de reprise d'activité que dans les limites de 20%.

Dans cette catégorie rentre l'industrie du bois, qui travaille, par excellence, pour l'exportation. De l'avis des spécialistes, *il serait possible d'exporter*, sous forme de meubles et de bois mi-ouvrés, environ 13,5 millions de mètres cubes de bois.

Telle serait l'état actuel de l'industrie en Pologne, sur la base des données, générales et incomplètes d'ailleurs, recueillies par le Ministère du Commerce et de l'Industrie et fournies par les Associations professionnelles d'industriels.

Le tableau esquissé ci-dessus ne donne pas, ne peut même pas donner une image fidèle des capacités productrices de l'industrie polonaise, car celle-ci est une fonction de deux variables indépendantes, n'ayant rien de commun avec ce qui conditionne une production usinière normale. Telles sont: 1-o les quantités disponibles de combustible, variables de mois en mois; 2-o la capacité de transport du parc ferroviaire, également sujette à des fluctuations et perturbations constantes, difficiles à prévoir. Il en découle l'impossibilité absolue d'évaluer le temps de fonctionnement continu d'un établissement donné, les quantités de matières premières qu'il aura à sa disposition, le stock d'articles manufacturés qu'il sera susceptible de fabriquer et quels seront ses frais effectifs de production.

Les statistiques des exportations actuelles ne permettent également pas de se faire une idée adéquate de la capacité d'exportation des diverses branches de l'industrie polonaise, car les chiffres en question ne sont que l'expression des possibilités de transport à un moment donné, du système ferroviaire, ainsi que de la politique gouvernementale quant à la satisfaction des besoins les plus urgents de l'Etat et du pays, quant à la nécessité de conclure tels ou tels accords, etc.

A titre de commentaire, nous donnons ci-dessous un aperçu du plan d'exportation pour l'année 1920, élaboré par les soins du Ministère du Commerce et de l'Industrie, sur la base d'un contingentement supplémentaire de 100,000 tonnes par mois en charbon haut-silésien des industries travaillant pour l'exportation.

Nous ajoutons que la réalisation de ce plan nous est apparue des plus problématiques, ainsi que la possibilité d'exporter l'intégralité de l'excèdent des pétroles bruts et produits dérivés de la Galicie.

Catégorie industrielle.	Besoins mensuels en charbon, en tonnes. Pologne d'annexion:			quantités exportables	quantités de wagons par mois pour les transports	Valeur des marchandises exportées en millions de francs. Ancienne Pologne;		
	russe	au-trich.	alle-man.			russe	autrich.	alle-man.
1. Textile:								
a) district de Lodz . . .	18,000	—	—	30,000	300	40	—	—
b) autres distr.	6,000	600	—	—	—	20	20	—
2 Ciments . .	12,000	12,000	—	440,000	4,400	7,5	7,5	—
3. Verrerie . .	5,000	—	—	10,000	100	7	—	—
4. Pétrole . .	—	24 000	—	100,000	1,000	—	12	—
5. Amidon . .	750	—	6,000	450,000	900	1,28	—	10,72
6. Bois . . .	1,000	1,000	—	—	500	1,5	1,5	—
7. Papier . . .	1,200	600	—	10,000	100	1,5	0,75	—
8. Soie artificielle . . .	300	—	—	150	1	3	—	—
9. Col d'os . .	500	—	—	300	3	1,5	—	—
10. Soude à l'amoniaque .	—	—	2,000	10,000	100	—	—	7
11. Articles émaillés .	3,000	—	—	10,000	100	7	—	—
12. Orfèvrerie .	750	—	—	150	2	0,75	—	—
13. Quincaillerie	2,000	—	—	10,000	100	1,5	—	—
14. Porcelaine .	500	—	—	—	—	1	—	—

La Pologne se trouve donc en présence de deux problèmes qu'il est urgent de résoudre:

1-o Compléter les parcs ferroviaires.

2-o Obtention des quantités nécessaires de charbon.

Ce dernier point ne peut être satisfait que par le rattachement de la Haute-Silésie à l'Etat Polonais. Ce fait contribuerait à relever dans une large mesure le cours du mark polonais, facilitant ainsi l'achat du matériel indispensable et des matières premières. Ainsi, pourrait être réalisée la complète remise en train des usines et l'utilisation intégrale de leur capacités productrices.

Relativement au plan d'exportation, présenté ci-dessus nous ajoutons que la Pologne peut en outre exporter: des articles de vannerie, des jouets, du tabac, et des cigares, (de Posnanie) de l'alcool et des confiseries.

Revenant au problème ferroviaire, l'accroissement du matériel roulant pourrait être obtenue de deux façons: par l'achat à l'étranger et par la construction de nouvelles fabriques de wagons. Les achats à l'étranger sont pratiquement impossibles, étant donné le cours très bas du change polonais.

Le gouvernement a suivi la seconde voie. En plus des deux fabriques déjà existantes, sont en construction trois nouvelles usines, dont l'une, celle d'Ostrów, est appelée à devenir la plus grande installation usinière de Pologne, disposant d'une station de force motrice de 1500 chevaux-vapeur, d'un vaste hall de montage d'ateliers mécaniques pour les métaux et le bois, d'ateliers de menuiserie, de tapisserie, de tôlerie, des magasins spacieux, etc. Cette usine doit être achevée pour la mi-1921; au printemps doit être, pour le moment ouvert l'atelier des réparations, monté pour réparer 100 wagons par mois.

Les deux autres usines, l'une en construction à Varsovie, l'autre à Ostrowiec, seront de proportions plus modestes. De plus, à Varsovie, on construit une usine destinée à fabriquer les locomotives. Il faut donc s'attendre à ce que d'ici deux ans, il soit remédié définitivement à la crise des transports.

Mais par contre pour les mois qui viennent, et jusqu'à ce que soit résolu le problème de la Haute-Silésie, il y aura pour l'industrie polonaise de très durs moments à passer. L'affaire de la Haute-Silésie est pour la Pologne une question de vie ou de mort.

www.ingramcontent.com/pod-product-compliance
Ingram Content Group UK Ltd.
Pitfield, Milton Keynes, MK11 3LW, UK
UKHW021949260726
13994UKWH00004B/1626